Microsft
Access 2013

Initiation à Microsoft Access 2013

Par : Jackson GERVAIS

Janvier 2015

Table Des Matières

Chapitre 1
Introduction

Microsoft Access est un logiciel qui permet la création de base de données, ce qui peut faciliter la gestion d'une entreprise. Plusieurs versions de ce logiciel ont été créées par la société Microsoft. Si la création d'une base de données s'avère nécessaire pour la gestion des entreprises. Mais, elle demeure une activité difficile pour la plupart des professionnels et des chefs d'entreprises. Cet ouvrage se propose d'expliquer l'utilisation de Microsoft Access en vue de faciliter la création et la gestion d'une base de données. Pour permettre la compréhension de ce logiciel, la méthodologie utilisée allie l'explication des concepts avec des travaux dirigés.

Les grandes lignes abordées dans cet ouvrage sont entre autres : les étapes à suivre pour lancer Microsoft Access, les différentes fonctionnalités de Microsoft Access, des exercices permettant de mieux appréhender les notions vues.

1.1- Lancer Microsoft Access

Si vous disposez de Windows 7, la démarche à suivre pour lancer **Microsoft Access** peut être la suivante :

- Cliquer sur : a) Le bouton **Démarrer** ;

      b) Programme ;

      c) Microsoft Access.

Si vous disposez de Windows 8, le procédé pour lancer Microsoft Access 2013 à partir du bouton Démarrer est différent.

Une fois que **Microsoft Access** est lancé, il offre plusieurs opportunités (figure 1) :

a) Créer une base de données sans l'aide de modèle.

b) Télécharger l'un des modèles disponibles à partir de l'Internet.

c) Ouvrir une base de données existante.

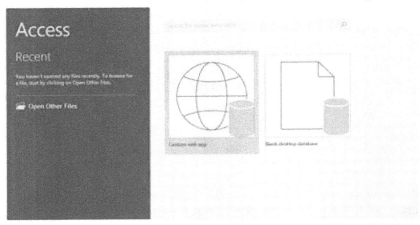

Figure 1 : Le Mode Backstage de Microsoft Access 2013

Remarque

Le bouton gauche de la souris sert à placer le curseur dans un endroit à sélectionner (dans ce cas, on clique une fois). Pour sélectionner certaines icônes, il faut cliquer deux fois. Pour être valide, le double-clic doit être fait très vite. Sinon, la commande sera assimilée à deux clics simples successifs.

Le bouton droit de la souris doit être utilisé une seule fois (on clique et on relâche). Le bouton droit sert à afficher un menu contextuel.

Dans le cadre de ce document, si le type n'est pas mentionné, il s'agit d'un clic gauche.

Par défaut, la fenêtre principale de Microsoft Access 2013 se présente comme un document constitué d'onglets. Une fois ouverte, la fenêtre de Microsoft Access 2013 (figure 2) se présente comme suit :

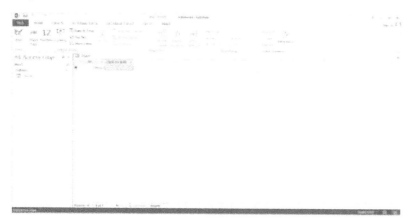

Figure 2: La fenêtre principale de Microsoft Access 2013

Une fois que Microsoft Access est ouvert, il est possible d'ajouter des champs, de créer des tables, des requêtes, des formulaires, des états, des macros, …

1.2.1- La feuille de menu

La fenêtre par défaut de Microsoft Access 2013 présente les menus suivants : Fichier, Accueil, Créer, Données Externes, Outils de base de données, Champs, Table (Figure 3) :

FILE   HOME   CREATE   EXTERNAL DATA   DATABASE TOOLS   FIELDS   TABLE

Figure 3 : La barre de menu

1) Le menu Fichier

Le menu **Fichier** présente les commandes de base telles que : Enregistrer, Ouvrir, Fermer, Imprimer, Quitter, …

2) Le menu Accueil

Le menu **Accueil** présente un certains nombres d'icônes permettant entre autres : de modifier les caractères des données saisies, de modifier le mode d'affichage de la table, de faire un tri.

Figure 4 : Présentation du menu Accueil

3) Le menu Créer

Le menu **Créer** permet de choisir des modèles, de créer une table, un formulaire, une requête, …

Figure 5 : Présentation du menu Créer

5

4) Le menu Données Externes

Le menu **Données Externes** permet entre autres : d'exporter ou d'importer des données dans une base de données. Cliquer sur le menu **Données Externes** pour obtenir la figure 6 :

Figure 6 : Présentation du menu Données Externes

5) Le menu Outils de base de Données

Le menu **Outils de base de Données** permet entre autres : d'ouvrir une base de données visuelle, de mettre des bases de données en relation, de modifier ou réparer une base de données, …

Figure 7 : Présentation du menu Outils de base de Données

6) Le menu Champ

Le menu **Champ** permet entre autres : d'insérer ou de supprimer des champs, de faire passer une table de la mode Feuille de données à la mode Création, …

6

Figure 8 : Présentation du menu Champ

7) Le menu Table

Le menu **Table** permet entre autres : de créer des tables, de modifier les propriétés d'une table, de mettre des tables en relation, …

Figure 9 : Présentation du menu Table

Chapitre 2
La saisie de données

Dans le logiciel Microsoft Access, la saisie de données peut se faire dans des cellules lorsque vous travaillez dans une table, un formulaire, un rapport,... Les données saisies dans les cellules peuvent être modifiées au besoin. Ce chapitre présente les marches à suivre pour saisir des données avec Microsoft Access.

2.1- Marche à suivre pour la saisie de données

Une fois que la table est ouverte, la saisie de données se fait comme suit :

1) Cliquer dans la cellule ;

2) Taper les données dans la cellule ;

3) Cliquer dans une autre cellule ou presser les flèches de direction pour accéder à une autre cellule.

Les données saisies peuvent être des nombres ou des textes. Dès l'ajout d'un nouveau champ, il est possible de choisir le type de données que ce champ doit contenir.

2.2- Sélection de cellules, de lignes et de colonnes

Pour sélectionner une cellule, placez le curseur dans cette cellule. Puis, cliquez dessus.

2.2.1- Démarches à suivre pour sélectionner des lignes

Pour sélectionner une ligne, procéder comme suit :

- Cliquer dans la partie grise située à gauche de la ligne ;

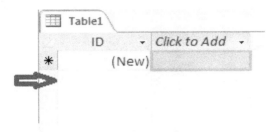

Figure 10 : Sélection d'une ligne

- Presser la touche **Maj** / **Shift** et utiliser les flèches de direction pour étendre la sélection.

2.2.2- Démarches à suivre pour sélectionner des colonnes

Pour sélectionner une colonne, procéder comme suit :

- Cliquer dans l'entête du champ ;

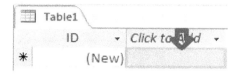

Figure 11 : Sélection d'une colonne

- Presser la touche **Maj** / **Shift** et utiliser les flèches de direction pour étendre la sélection.

Chapitre 3
Format des données

Microsoft Access permet de modifier les polices de caractères des données saisies. Pour ce, utiliser les icônes du groupe Format du Texte dans le menu **Accueil**. Ce chapitre présente les démarches à suivre pour modifier les polices de caractère.

Figure 12 : Le groupe Format Texte du menu Accueil

3.1- Les polices de caractères

Pour modifier les polices de caractères, procéder comme suit :

1) Sélectionner le (s) mot (s);

11

2) Dans le menu **Accueil (Home),** cliquer sur la flèche se trouvant à droite du type de caractères Times New Rom ▾ pour faire apparaître la liste des polices de caractères, puis cliquer sur l'un d'eux.

Cliquer sur la flèche située à droite de la taille des caractères 12 ▾ pour faire apparaître la liste des tailles de caractères, puis cliquer sur l'une d'elle.

3.2- Souligner les données, les mettre en gras ou en italique

Pour souligner les données ou les mettre en gras ou en italique, procéder comme suit :

- Dans le menu **Accueil** (**Home**), cliquer sur l'une des icônes suivantes : B I U

B : permet de mettre un mot ou un texte en gras

I : permet de mettre un mot ou un texte en italique

<u>S</u> : permet de souligner un mot ou un texte

3.3- L'alignement

Dans le logiciel Microsoft Access, les données peuvent être alignées de plusieurs façons différentes. Pour modifier l'alignement des données, il faut d'abord sélectionner ces données. Dans le menu **Accueil** / **Home**, cliquer sur l'un des alignements suivants : à gauche, centré ou à droite.

≡ ≡ ≡ |

3.4- Encadrer des cellules

Pour encadrer une ou plusieurs cellules, procéder comme suit :

1) Sélectionnez la ou les cellules à modifier;

2) Cliquez sur les encadrés ⊞ ▾ se trouvant dans le menu **Accueil**. Vous pouvez faire défiler la liste et choisir le type d'encadrement désiré.

Chapitre 4

Création d'une base de Données sans l'aide d'un modèle

Ce chapitre propose les démarches à suivre pour créer une base de données sans l'aide d'un modèle. La base de données sera créée à partir de tables, de formulaires, de rapports et d'autres objets que vous aurez à réaliser. Pour ce, utiliser le menu **Créer**. Dans la plupart des cas, cela implique une ou plusieurs opérations.

1) Après avoir lancé **Microsoft Access** (voir section 1.1), cliquer sur **Base de données vide**.

Ou bien :

Si la fenêtre de **Microsoft Access** est ouverte, cliquer sur **Nouveau** dans le menu **Fichier.** Ensuite, choisir **Base de données vide** ⸺ .

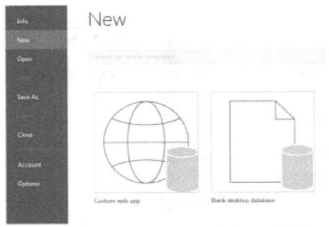

Figure 13 : L'onglet Nouveau du menu Fichier

2) Pour modifier l'emplacement du fichier, cliquer sur **Parcourir**. Rechercher le nouvel emplacement, puis cliquez sur **OK**.

3) Cliquer sur **Créer / Create**, Access crée la base de données avec une table vide nommée Table1, puis ouvrir Table1 en mode Feuille de données. Le curseur est placé dans la première cellule vide de la colonne. Cliquer pour ajouter des champs.

4) Commencer à taper pour ajouter des données, vous pouvez aussi coller des données provenant d'une autre source.

La structure de la table est créée au moment que les données sont saisies. Lors de l'ajout d'une nouvelle colonne, Access définit automatiquement le type de données de chaque champ sur la base des données saisies.

Après avoir saisi les données de la table 1, cliquez sur **Fermer**. Access ouvre une fenêtre qui vous invite à enregistrer les modifications apportées. Cliquer sur "Oui" pour enregistrer les modifications, cliquer sur "Non" pour les ignorer, ou cliquer sur "Annuler" pour quitter la table ouverte.

Remarque

Si vous fermez une table sans l'avoir enregistré au moins une fois, la totalité de la table sera supprimée même si des données ont été saisies.

Il est possible d'ajouter de nouvelles tables à une base de données existante. Pour ce, utiliser les commandes se trouvant dans le groupe **Tables** du menu **Créer**.

4.1- Création d'une table

Dans le logiciel Microsoft Access, la table permet de stocker les informations de la base de données. La table peut se présenter de deux façons différentes. Cette section présente les démarches à suivre pour la création et la modification d'une table dans les deux modes d'affichage.

4.1.1- Les deux modes d'affichage de la table

La table peut se présenter de deux façons différentes : mode **Feuille de données** et mode de **Création** (figures 14 et 15). Certaines propriétés sont disponibles en mode **Feuille de données** alors que d'autres ne peuvent être modifiées qu'en mode **Création**.

1) Mode Feuille de données

Le mode Feuille de données est conçu comme une feuille de calcul Excel.

Figure 14: Présentation d'une page en mode Feuille de données

2) Mode Création

Figure 15 : Présentation d'une page en mode Création

Pour modifier le type de données d'un champ, cliquer sur la flèche ▼ située à droite ▢ AutoNumber ▢ dans la colonne type de données et choisir un format dans la liste déroulante. Vous pouvez lire la description du champ dans la partie **Propriétés du champ**.

Pour voir les propriétés d'un champ, cliquer sur le champ dans la colonne "**Type de données**" / "**Data Type**". Les propriétés sont affichées en dessous de la grille de création, dans la partie "**Propriétés du champ**".

18

Tableau 1 : Description des propriétés de champ

Propriétés	Description
Taille du champ	- Pour les champs de texte, cette propriété définit le nombre maximal de caractères pouvant être saisis. - Pour les champs numériques, cette propriété définit le type de numéro qui sera stocké (Entier long, double, …). - Pour un stockage de données plus efficace, il est préférable d'allouer le moins d'espace possible. Et, ajuster la valeur vers le haut plus tard, au cas où les besoins changent.
Format	Utiliser cette propriété pour définir la façon dont les données sont affichées. Il est possible de sélectionner un format prédéfini ou entrer un format personnalisé.
Masque de saisie	Cette propriété permet de spécifier un modèle pour toutes les données qui seront saisies. Elle permet que toutes les données soient saisies correctement.
Valeur par défaut	Cette propriété permet de spécifier la valeur par défaut qui apparaîtra quand un nouvel enregistrement est réalisé.

4.1.2- Créer une table en mode feuille de données

Pour créer une table à partir du mode **Feuille de données**, il faut passer en mode **Feuille de Données**.

1) Dans le menu **Créer**, cliquez sur **Table** qui se trouve dans le groupe **Tables**. Access crée la table et sélectionne la première cellule vide de la colonne, Cliquer sur Click to Add pour ajouter d'autres colonnes ;

2) Dans le menu **Champs**, cliquer sur l'un des types de champ qui se trouve dans le groupe **Ajouter et supprimer**. Pour avoir plus de possibilités, cliquer sur **"Plus de champs"** ;

Figure 16 : Le groupe Ajouter et supprimer du menu Champs

3) Pour ajouter des données, commencer à taper dans la première cellule vide, ou coller des données d'une autre source. Les noms de champs sont affectés numériquement (champ1, champ2, …) ;

4) Pour renommer un champ (colonne), double-cliquer sur l'en-tête du champ, puis taper le nouveau nom ;

5) Pour déplacer une colonne, sélectionner la colonne et faire glisser la colonne à l'emplacement souhaité.

Pour sélectionner plusieurs colonnes contiguës et les faire glisser vers un nouvel emplacement à la fois, cliquer sur l'en-tête de la première colonne pendant qu'on maintient la touche **Maj (Shift)** enfoncée, cliquer sur l'en-tête de la dernière colonne.

4.1.3- Créer une table en mode création

Le mode **Création** permet de réaliser la structure de la table. Ensuite, saisir les données de la table en mode **Feuille de données**. Les données peuvent être aussi importées en utilisant une autre méthode comme le collage ou l'importation.

1) Cliquer sous l'onglet **Créer**, puis cliquer sur **Création de table** dans le groupe **Tables** ;

2) Saisir un nom dans la colonne «**Nom du champ**» pour chaque champ de la table, puis sélectionner un type de champ dans la liste «**Type de données**» ;

3) Il est possible de saisir une description pour chaque champ dans la colonne «**Description**». Dans la partie «**Description de champ**» située au bas de la feuille, cliquer sur la flèche ▼ pour choisir le format désiré dans la liste déroulante ;

4) Une fois que les champs ont été ajoutés, cliquer sur **Enregistrer** qui se trouve le menu **Fichier** afin d'enregistrer la table.

4.1.4- Insérer des champs dans une table

Les démarches à suivre pour insérer des champs dans une table varie avec le mode d'affichage de la table.

Pour insérer des champs dans une table en mode **Création**, procédez comme suit :

1) Ouvrir la table en mode **Création** ;

2) Cliquer sur la ligne située à l'endroit où vous voulez ajouter le champ, puis faire un clic droit ;

3) Dans la liste déroulante, choisir "**Insérer des lignes**" / "**Insert Rows**".

Pour insérer des champs en mode **Feuille de données**, procédez comme suit :

1) Ouvrir la table en mode **Feuille de données** ;

2) Cliquer sur une colonne située à l'endroit où vous voulez ajouter le champ ;

3) Faire un clic droit et choisir **Insérer des champs / Insert Field** dans la liste déroulante.

On peut aussi cliquer sur l'un des champs du groupe **Ajouter et supprimer** / **Add & Delete** se trouvant dans le menu **Champs**.

4.1.5- Définir un champ comme Clé Primaire

La **Clé Primaire** est un champ de la table qui permet de déterminer les autres champs. Les étapes à suivre pour définir un champ comme **Clé Primaire** sont les suivantes :

- Ouvrir la table en mode **Création**;

- Sélectionner le champ à définir comme clé primaire;

- Dans le menu **Conception**, cliquer sur **clé primaire** .

Pour sélectionner plusieurs champs, maintenir la touche **Ctrl** enfoncée et sélectionner les champs.

Au cas où une clé primaire n'est pas définie, Microsoft Access va demander si vous souhaitez qu'il crée une clé primaire lors de l'enregistrement de la table.

4.1.6- Insérer une liste déroulante dans une table

Une liste déroulante permet de prédéfinir une liste pour la saisie de données. Pour insérer une liste déroulante la démarche à suivre est la suivante :

1) Dans l'entête du champ, cliquer sur la flèche ▾ . Et, une liste déroulante s'affiche. Choisir l'onglet permettant

23

d'ajouter une liste de choix (cliquer sur : **Lookup & Relationship)** pour obtenir la figure suivante **:**

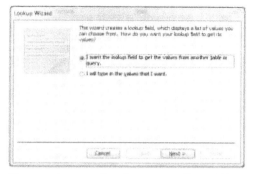

Figure 17 : Etape 1 pour insérer une liste déroulante

Dans le tableau assistant, Choisir la deuxième option : "**I will type the values that I want**". Puis, cliquer sur **Suivant** pour afficher un nouveau tableau;

2) Dans le tableau assistant (figure 18), choisir une (1) colonne. Saisir les mots à insérer dans la liste de champs.

Figure 18 : Etape 2 pour insérer une liste déroulante

3) Taper le nom du champ
- Choisir l'option "**Autoriser plusieurs valeurs**" / "**Allow Multiple Values**" pour permettre des choix multiples (figure 16).

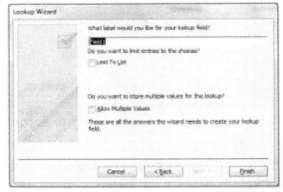

Figure 19 : Etape 3 pour insérer une liste déroulante

4) Cliquer sur **Terminer**.

4.1.7- Créer une liste de champs à partir d'un champ d'une autre table

Pour créer une liste de champ à partir d'un champ d'une autre table, procédez comme suit:
1) Créer les deux tables :
- la table principale où l'on va insérer la liste de champ,
- la table où l'on va importer les données de la liste de champ.

2) Ouvrir les tables en mode Feuille de données.

3) Dans la **table principale**,
- cliquer sur le menu Champ,

25

- cliquer sur la flèche à droite de l'icône Plus de champs
🖿 More Fields ▾   qui se trouve dans le groupe **Ajouter et Supprimer**,

- dans la liste déroulante, cliquer sur "**Lookup & Relationship**" pour afficher un tableau assistant **(figure 14)**.

- dans le tableau assistant, choisir la première option : "**I want the loockup field to get the values from another table or query**".

- Puis, cliquer sur **Suivant**.

4) Dans le tableau assistant (figure 20), cliquer sur la table où l'on va importer les données. Puis, cliquer sur **Suivant**.

Figure 20 : Tableau permettant de choisir la table où l'on va importer les données

5) Sélectionnez les champs dans la partie gauche en cliquant dessus. Puis, cliquez sur l'une des flèches se trouvant au milieu pour les faire passer dans la partie droite.

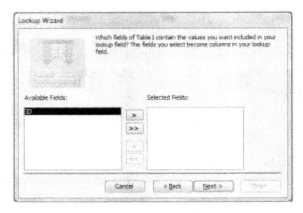

Figure 21 : Tableau permettant de sélectionner les champs

Suivre le **Tableau Assistant** en cliquant sur **Suivant** pour passer d'une étape à une autre. Puis, cliquez sur **Terminer** à la dernière page de l'assistant.

4.2- Création d'un formulaire

Les tables sont destinées à recevoir l'ensemble des informations de la base de données. Pour présenter à l'utilisateur une vue simplifiée des informations stockées dans les tables, l'administrateur de la base de données peut créer des formulaires. Un formulaire permet de mieux représenter les informations et les rend beaucoup plus pratiques que dans une table ou une requête. Les formulaires peuvent être réalisés en fonctions des besoins, en cliquant sur les icônes se trouvant dans le groupe **Formulaire** du menu **Créer**. Il est possible de créer des formulaires à partir d'un formulaire vierge ou à partir d'un modèle.

Figure 22 : Le groupe Formulaire du menu Créer

4.2.1- Marche à suivre pour la création d'un formulaire

Dans le menu **Créer**, cliquer sur :

- **Formulaire** pour réaliser un formulaire qui représente une ligne de la table.

- **Création de Formulaire** pour réaliser un formulaire en mode **Création.** Le mode **Création** permet la modification des données présentées sur le formulaire.

- **Formulaire vierge** pour travailler à partir d'un formulaire vierge.

28

En cliquant sur **Plus de formulaires**, vous aurez accès à d'autres types de formulaires :

- formulaire en double affichage,
- formulaire en mode feuille de données,
- ainsi qu'un assistant pour la création de formulaire.

1) En cliquant sur l'icône **Formulaire** 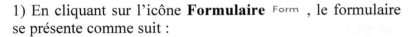 Form , le formulaire se présente comme suit :

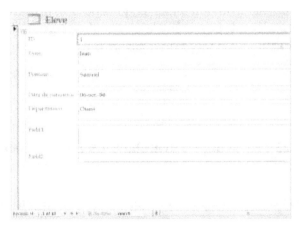

Figure 23 : Création d'un formulaire qui représente une ligne de la table.

Le formulaire peut être modifié à partir des icônes qui se trouvent dans le menu **Conception**.

Figure 24 : Présentation du menu Conception

Tableau 2 : Quelques icônes du menu Conception

Icônes	Fonctions
Select	Pour sélectionner une partie du formulaire.
Tex Box	Pour insérer une zone de texte.
Label	Pour insérer un label.
Button	Pour insérer des commandes. Choisir la commande voulue dans la fenêtre qui s'affiche, puis cliquer sur **Suivant**…
Hyperlink	Pour insérer un lien hypertexte.
Combo Box	Pour insérer un champ.
List Box	Pour insérer une liste de choix.
Check Box	Pour insérer une boîte destinée à faire un check marque.
Attachment	Pour insérer des fichiers attachés.
Image / **Insert image**	Pour insérer des images à partir de votre ordinateur.

30

2) En cliquant sur l'icône **Form Design** 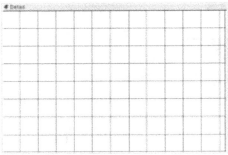 , le formulaire se présente comme suit :

Figure 25 : Création d'un formulaire en mode Création

Ce formulaire peut être modifié à partir des icônes qui se trouvent dans le menu **Conception.**

3) En cliquant sur l'icône **Formulaire vierge** , le formulaire se présente comme une feuille blanche que vous pouvez modifier à partir des icônes qui se trouvent dans le menu **Conception.**

4.3- Création d'un rapport

Après la création de table, Microsoft Access permet de faire un rapport à partir des icônes se trouvant dans le groupe **Rapports** du menu **Créer**. Le rapport peut être réalisé en se servant d'un modèle ou à partir d'un rapport vierge.

Figure 26 : Le groupe Rapport du menu Créer

4.3.1- Marche à suivre pour créer un rapport

Dans le menu **Créer**, cliquer sur :

- **Rapport** pour réaliser un rapport à partir des données d'une table.

- **Création de Rapport** pour réaliser un rapport en mode **Création.**

- **Rapport vierge** pour travailler à partir d'un rapport vierge.

1) En cliquant sur l'icône **Rapport** ^Report, le rapport se présente comme suit :

ID	Nom	Prénom	Date de naissance
Eleve			7 décembre 2014
			07:14:59
1	Jean	Samuel	06-oct.
2	Louis	David	06-oct.
3	Joseph	Jude	06-oct.
4	Jules	Suze	06-oct.
5	Pierre	Valière	06-oct.
6	Charles	Jean Marc	06-oct.
7	Jacques	Bichelene	06-oct.

Figure 27 : Création d'un rapport en mode Feuille de données

2) En cliquant sur l'icône **Création de Rapport** Report Design, le rapport se présente comme une feuille quadrillée qui peut être modifiée à partir des icônes qui se trouvent dans le menu **Conception**.

3) En cliquant sur l'icône **Rapport vierge** Blank Report, le rapport se présente comme une feuille blanche que l'on peut modifier à partir des icônes qui se trouvent dans le menu **Conception**.

33

4.4- Création d'une requête

Dans le cas où la base de données contient un nombre élevé de données, il peut s'avérer nécessaire de faire une requête en fonction de critères préalablement définies. Une requête offre une vue simplifiée de la base de données, elle est réalisée suite à une sélection faite d'une partie d'une table. Les requêtes peuvent être réalisées en fonctions des besoins, en cliquant sur les icônes se trouvant dans le groupe **Requêtes** du menu **Créer**.

Figure 28 : Le groupe Requêtes du menu Créer

Les requêtes peuvent être réalisées dans le but de :

- sélectionner une partie de la table ;

- mettre une table à jour ;

- créer une autre table ;

- faire un ajout ou une suppression dans une table.

Des calculs simples peuvent aussi être réalisés au moment de faire une requête comme par exemple : la moyenne, la somme et le dénombrement.

4.4.1- Marche à suivre pour la création d'une requête

Dans le menu **Créer**, cliquer sur :

- **Assistant Requête** qui offre une série de tableaux pour assister la création de requête à partir des données d'une table.

- **Création de Requête** pour réaliser une requête en mode **Création** à partir des données d'une table.

1) Cliquer sur **Assistant Requête** 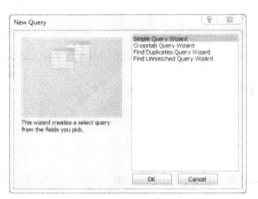 pour obtenir un **tableau assistant** offrant plusieurs choix, cliquer sur l'une d'elle. Puis, cliquer sur **OK**.

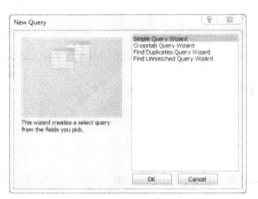

Figure 29 : Le tableau assistant Requête

2) Cliquer sur **Simple Query Wizard** pour obtenir la figure suivante :

Figure 30 : Tableau assistant permettant de sélectionner les champs de la requête

Choisir les champs qui doivent faire partie de la requête en les faisant glisser dans la partie droite.

3) Choisir l'option Ouvrir la requête pour voir les informations. Puis cliquer sur **Terminer** à la dernière page de l'assistant.

Figure 31 : Etape 3 dans la création de requête

Remarque

L'option **Modify the query design** permettrait d'avoir une requête que l'on pourrait modifier. Après avoir modifié la requête, il faut cliquer sur run pour activer les modifications apportées.

Chapitre 5
Créer une base de
Données en utilisant un modèle

Microsoft Access offre une variété de modèles que vous pouvez utiliser sans trop de modifications. Ils demeurent le moyen le plus rapide pour obtenir une base de données. Un modèle est une base de données prête à être utilisée qui contient des tables, des requêtes, des formulaires et des rapports permettant de réaliser un travail donné. Il existe des modèles conçus pour suivre les problèmes, gérer les contacts ou tenir un registre de dépenses. Certains modèles comprennent des données enregistrées pour démontrer leur utilisation.

Choisir le modèle qui repond à vos besoins. Microsoft Access donne la possibilité de supprimer un champ ou insérer un champ existant. Pour ce, cliquer droit dans l'entête du champ. Si vous souhaitez importer dans Microsoft Access des données provenant d'autre programme, il est préférable de créer une base de données sans l'aide d'un modèle.

5.1- Choix d'un modèle

Au moment de l'ouverture du logiciel (voir figure 1), il est possible de choisir un modèle. Plusieurs groupes de modèles sont disponibles dans l'onglet **Nouveau**, certains sont réalisés par Access et d'autres modèles peuvent être téléchargés sur Internet. Si la base de données est déjà ouverte, cliquer sur **Fermer** dans le menu **Fichier**. Puis, cliquez sur l'onglet **Nouveau.**

La procédure à suivre est la suivante :

1) Choisir l'un des modèles proposés en fonctions de vos besoins. Puis, suivre les étapes pour la création de la base de données.

2) Microsoft Access propose un nom de fichier pour la base de données dans la zone **Nom de fichier** que l'on peut modifier.

3) Cliquer sur **Créer.**

Access crée une base de données à partir du modèle choisi, puis la base de données sera ouverte. Pour certains modèles, un formulaire s'affiche dans laquelle vous pouvez entrer des données. Si votre modèle contient des exemples de données, vous pouvez les supprimer en cliquant sur **Supprimer** qui se trouve dans le menu **Accueil.**

4) Cliquer dans la première cellule vide et commencer à taper. Utiliser le volet de navigation pour rechercher d'autres formes ou des rapports.

5.2- Utiliser une partie de l'application pour ajouter des fonctionnalités

Une partie de l'application peut comporter une seule table. Il peut aussi comporter plusieurs objets liés, comme par exemple une table et une forme. Pour ajouter une application à une base de données, procédez comme suit :

1) Ouvrir la base de données à laquelle l'application sera ajoutée ;

2) Cliquez sur le menu **Créer** ;

3) Dans le groupe **Modèles**, cliquer sur **Pièces d'application** . Une liste s'affiche ;

4) Cliquer sur l'une des applications.

Chapitre 6
Imprimer un document

Une fois que l'on dispose d'une imprimante, les documents réalisés peuvent être imprimés. Avant l'impression, il est possible de visualiser les documents. Ce chapitre présente les démarches à suivre pour imprimer avec Microsoft Access ou un autre logiciel.

6.1- Aperçu avant impression

Avant l'impression, il est possible de visualiser les documents. Pour visualiser un document, procéder comme suit :

- Cliquer sur le menu **Fichier ;**

- Cliquer sur **Imprimer** et choisir **Aperçu avant impression**.

6.2- Impression

Pour imprimer un document, procéder comme suit :

- Cliquer sur le menu **Fichier** ;

- Cliquer sur **Imprimer** / **Print** ;

- Choisir l'imprimante à utiliser au cas où il y a plusieurs imprimantes branchées.

- Choisir le nombre de copies.

Chapitre 7
Fonctions avancées

7.1- Exporter les données d'une table Access

Il est possible d'exporter les données d'une table Access dans un autre programme. En général, cela fonctionne mieux quand les données sont déjà séparées en colonnes.

Pour exporter les données d'une table Access, procéder comme suit :

1) Cliquer sur le menu **Données Externes ;**

Figure 32 : Le groupe Exporter du menu Données Externes

2) Dans le groupe **Exporter,** cliquer sur l'icône qui correspond au programme dans lequel les données vont être stockées.

3) Suivre les instructions de l'assistant en cliquant sur **Suivant**. Cliquer sur **Terminer** à la dernière page de l'assistant.

7.2- Importer, ajouter ou insérer un lien vers les données d'une autre source

Il est possible d'importer des données à partir d'une feuille de calcul Excel, d'une autre base de données Access ou à partir d'autres sources. Pour des données stockées dans un programme de traitement de texte, il est préférable de séparer les données en plusieurs colonnes à l'aide d'onglets ou de convertir les données dans un autre programme avant de les copier.

Au moment de coller des données dans une table vide, Access définit le type de données de chaque champ en fonction du type de données collées. A titre d'exemple, si un champ collé ne contient que des valeurs de date, Microsoft Access applique le type de données **Date/Heure** à ce champ. Dans le cas où le champ collé ne contient que les mots «oui» et «non», Microsoft Access applique le type de données **Oui / Non** à ce champ.

Les noms des champs sont fonction du type de données de la première ligne de données collées. Microsoft Access attribue des noms génériques aux champs (F1, F2, etc). Les noms de champ attribués par Access peuvent être renommés par la suite.

Le processus à utiliser varie avec la source. Généralement, la démarche à suivre est la suivante :

1) Ouvrir le menu **Données externes**, cliquer sur la commande correspondant au type de fichier que vous importez qui se trouve dans le groupe **Importer et lier**.

Figure 33 : Le groupe Importer & Lier du menu Données Externes

Pour importer des données à partir d'une feuille de calcul Excel, cliquer sur Excel. Si le type de programme voulu n'est pas affiché, cliquer sur **Plus**.

Remarque

Au cas où il est impossible de trouver le type de format voulu dans le groupe Importer. Lancer le programme dans lequel se trouvent les données. Puis enregistrer les données dans un format de fichier commun (tel que le format : texte délimité). Les données pourront être importées dans Microsoft Access.

---

2) Dans la boîte de dialogue **Données externes**, cliquer sur Parcourir ou taper le chemin complet pour accéder au fichier de données dans la zone **Nom de fichier**.

3) Cliquer sur l'option voulue, spécifier la zone de stockage des données dans la nouvelle base de données. Il est

possible de créer une nouvelle table pour les données importées ou ajouter ces données à une table existante.

4) Suivre les instructions de l'assistant en cliquant sur **Suivant**. Cliquer sur **Terminer** à la dernière page de l'assistant.

5) Access vous invite à enregistrer les détails de l'opération d'importation qui vient de se réaliser. Cliquer sur **Enregistrer** au cas où vous voulez effectuer à nouveau cette même opération d'importation. Cliquer sur **Fermer** pour ne pas enregistrer les détails de l'opération.

7.3- Ouvrir une base de données

7.3.1- Ouvrir une base de données Access existante

La démarche à suivre pour ouvrir une base de données existante est la suivante :

1) Dans le menu **Fichier**, cliquez sur **Ouvrir** ;

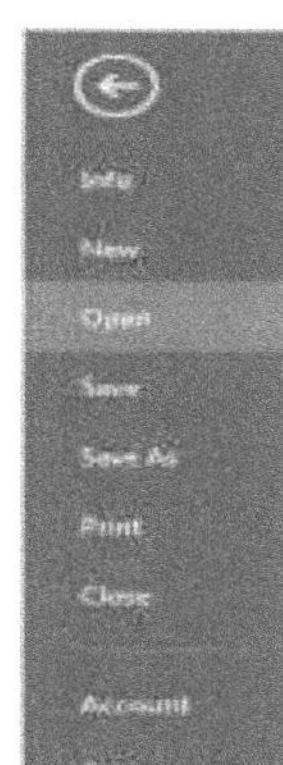

Figure 34 : Le menu Fichier

2) Dans la boîte de dialogue Ouvrir, accédez à la base de données que vous souhaitez ouvrir ;

Figure 35 : La boîte de dialogue Ouvrir

3) La base de données peut être ouverte de plusieurs façons :

- Double-cliquer sur la base de données pour l'ouvrir dans le mode par défaut (spécifié dans la boîte de dialogue Options ou le mode créé par une politique administrative).

- Cliquer sur **Ouvrir** pour l'accès partagé dans un environnement multi-utilisateur afin que plusieurs utilisateurs peuvent lire et écrire dans la base de données.

- Cliquer sur la flèche à côté du bouton **Ouvrir**, puis cliquer sur **Ouvrir en lecture seule** pour ouvrir la base de données pour un accès en lecture seule.

- Cliquer sur la flèche à côté du bouton **Ouvrir**, puis cliquer sur **Ouvrir en exclusif** pour ouvrir la base de données en utilisant un accès exclusif.

7.3.2- Ouvrir une base de données récente

Dans le menu **Fichier,** cliquez sur **Récent** qui se trouve dans l'onglet **Ouvrir**. Ensuite, cliquer sur le nom du fichier. Access ouvre la base de données en utilisant les mêmes paramètres de l'option qu'elle avait la dernière fois qu'elle a été ouverte.

Si la liste des fichiers récents ne s'affiche pas dans le menu **Fichier**, cliquer sur **Options**. Dans la boîte de dialogue **Options Access**, cliquez sur **Paramètres du client**. Taper dans **Affichage** le nombre de documents à afficher dans la liste des documents récents.

Les bases de données récentes peuvent être aussi affichées dans la barre de navigation de vue **Backstage**. Dans le menu **Fichier,** double-cliquer sur la base de données à ouvrir.

ANNEXE

Annexe 1 – Raccourcis clavier

Pour accéder rapidement à des commandes ou des opérations, il est possible d'utiliser des raccourcis clavier. Ils sont aussi utilisés pour déplacer dans un menu, une commande ou un contrôle sans utiliser la souris. Le tableau suivant présente quelques raccourcis clavier disponibles à partir de Microsoft Access 2013.

Touches	Fonctions
CTRL + N	Ouvrir une nouvelle base de données.
CTRL + O	Ouvrir une base de données existante.
ALT + F4	Quitter Microsoft Access 2013.
PAGE SUIVANTE	Descendre d'une ligne - Flèche vers le bas - Déplacer vers le bas d'une page.
HAUT	Monter d'une ligne.
PAGE UP	Déplacer vers le haut d'une page.
TAB	Sortir d'une zone de liste déroulante ou une zone de liste.
CTRL + F	Ouvrir l'onglet **Rechercher** dans la Recherche et la boîte de dialogue **Remplacer** (mode Feuille de données et mode Formulaire uniquement).
CTRL + H	Ouvrir l'onglet **Remplacer** dans la Recherche et la boîte de dialogue Remplacer (mode Feuille de données et mode Formulaire uniquement).

F6	Basculer entre les parties supérieure et inférieure d'une fenêtre.
F6	Faire défiler la grille de champ, les propriétés des champs, le volet de navigation et la barre de sécurité (en mode Création de tables).
ALT + ESPACE	Afficher le menu de commande.
MAJ + F10	Afficher le menu contextuel.
CTRL + W ou CTRL + F4	Fermer la fenêtre active.
ALT + F11	Basculer entre Visual Basic Editor.
ALT + F	Terminer l'assistant.
CTRL + P	Imprimer l'objet courant ou sélectionné.

Anexe 2- Exercices

Exercice I

La direction d'une faculté d'agronomie se propose de mettre en place une classe virtuelle. Dix élèves ont été inscrits à cette formation en ligne. Les responsables veulent créer une base de données pour les élèves.

1) Lancer Microsoft Access 2013.

2) Créer une base de données sans l'aide de modèle.

3) Taper la liste des élèves :

ID	Nom	Prénom	Date de naissance	Parents	Departement
1	Jean	Samuel	06-oct.-96		Ouest
2 Louis	David		06-oct.-97		Ouest
3 Joseph	Jude		06-oct.-96		Sud
4 Jules	Suze		06-oct.-98		Artibonite
5 Pierre	Valière		06-oct.-95		Ouest
6 Charles	Jean Marc		06-oct.-96		Nord
7 Jacques	Bichelène		06-oct.-94		Centre
8 Joseph	Chancelv		06-oct.-96		Grand'Anse
9 Jean Louis	Ernst		06-oct.-97		Nord Est
10 Pierre	Norline		06-oct.-96		Ouest

4) Enregistrer la table sous le nom de **Elève.**

5) Passer en mode Création.

6) Insérer le champ ID comme clé primaire.

7) Modifier le format de la date de naissance.

8) Enregister les modifications réalisées.

Exercice 2

A partir des données saisies dans l'exercice I, réalisez un formulaire en mode feuille de données.

Exercice 3

A partir des données saisies dans l'exercice I, réaliser un rapport en mode feuille de données.

Exercice 4

Considérant la table des élèves réalisée dans l'exercice I, faire une requête pour sélectionner les élèves qui habitent dans le département de l'Ouest.

1) Ouvrir la base de données TPBase créée dans l'exercice I.

2) Cliquer sur Query Wizard qui se trouve dans le groupe requête du menu **Créer**.

3) Une fenêtre s'ouvre :

- Selectioner l'option "Find Duplicates Query Wizard";

e

- Cliquer sur **OK**.

4) Choisir la table élève en cliquant dessus. La table élève contient les informations nécessaires à la réalisation de la requête. Puis, cliquer sur **Suivant**.

5) Choisir les autres champs qui doivent faire partie de la requête. Cliquer sur les champs à séletionner, puis cliquer sur la flèche ⬚. Faire glisser dans la partie droite les champs : Nom, Prénom et Date de naissance.

f

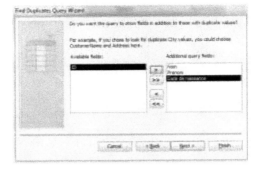

Puis, cliquer sur **Suivant**.

6) Dans la partie située en haut de la fenêtre, taper le nom de la requête. Cliquer sur l'option "Voir les résultats"/ "View the results". Cliquer sur **Terminer** pour obtenir la requête.

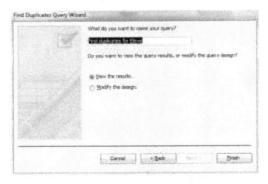